(461ᵉ) # CATALOGUE

—

DESSINS ANCIENS

DE DIVERSES ÉCOLES

CLASSÉS PAR MAITRES ET PAR GENRE

ARCHITECTURE, CARICATURES, COSTUMES

ILLUSTRATION POUR LA VIE DES SAINTS

MARINES, **ORNEMENTS**, PAYSAGES

Portraits, Sujets d'enfants, Historiques, Mythologiques
Religieux, Académies, etc.

QUELQUES ESTAMPES

DONT LA VENTE AURA LIEU

HOTEL DES COMMISSAIRES - PRISEURS

RUE DROUOT, 9, SALLE Nº 4

AU PREMIER ÉTAGE

Les Vendredi 11 et Samedi 12 Juin 1880

A UNE HEURE PRÉCISE

———

Mᶜ **MAURICE DELESTRE**, Commissaire-Priseur,
rue Drouot, 27,
Assisté de **M. VIGNÈRES**, Marchand d'Estampes,
rue de la Monnaie, 21, à l'entre-sol,
CHEZ LEQUEL SE DISTRIBUE LE CATALOGUE

———

PARIS — 1880

1323-50
1801-
3124-50

470 catalogues affranchis en 10ᵐᵉ .... 4.
125 montages sur le papier de la vente 6
10 Mains chemises 1
Honoraires 10 % 3 1
.... 3 8.

Yd 2538
8°

CATALOGUE

DESSINS ANCIENS PAR MAITRES

1 AKEN (Van). Paysage montagneux à l'encre de Chine, petit in-fol.

2 ALBANE (F.). Vénus et Adonis poursuivis par des Amours. Petit dessin à la plume lavé d'encre de Chine.

3 ALLORI (Alex.). Groupe d'Amants qui s'embrassent dans une niche, groupe d'un homme tenant un bâton près d'une femme dans l'autre niche, à l'encre de Chine rehaussé de blanc sur papier bleu, petit in-fol.

4 ALLOU. Têtes de femmes, de profil et de trois quarts. Crayon rehaussé de blanc, in-fol.

5 AMMAN (Iost). Guerrier tuant une femme devant un potentat sur son trône, à l'encre de Chine. — Entourage par moitié à la plume 2 p. in-fol.

6 ANDRIESSEN. Campagne hollandaise, in-4, à l'encre de Chine. — Paysage, crayon noir rehaussé de blanc, grand in-fol. 2 p.

7 ANDRIEUX, 48. Lancier à cheval. Aquarelle légère, in 4.

8. ANONYME ITALIEN. Vue à Rome pendant le carnaval et la course de chevaux. Belle aquarelle in-fol.

9 ANONYME FRANÇAIS. Erection de la statue de Louis XIV, à l'encre de Chine.

10 ANONYME. Portrait de Vestris, le célèbre danseur, à la pierre noire relevée de blanc.

11 — D'après *Francia*. Portrait d'homme tenant une bague, fait à la plume dans le genre de la gravure.

12 — Minerve animant une statue, — Adam emportant le corps d'Abel, 2 dessins au bistre in-fol.

13 — Joseph et M⁰ᵉ Putiphar, — le Triomphe de la religion, 2 dessins au bistre.

14 — Compositions d'Eliézer et Rebecca au puits, 2 dessins à l'encre de Chine, in-fol.

15 — Conquérant romain conduisant des prisonniers, et autre, 2 dessins au bistre.

16 — Grand Ange sur les nuages, — Figures de saintes debout, 3 dessins pierre noire et sanguine.

17 — La Cène, Sainte Famille, Grand prêtre et autre, 4 dessins au bistre.

18 — Noces Aldobrandines, le Charron frappant une roue et autres, 4 dessins au crayon.

19 ASSELYN. Paysage, petit in-fol. — Le pont Rotte à Rome en ruine, très grand in-fol., 2 p., à l'encre de Chine.

20 AUBRY (D'ap.). La demande en mariage, grand in-fol., à l'encre de Chine, très terminé.

21 BANDINELLI (Baccio). Figure d'apôtre dessi-
née à la plume et autres, études de pieds et
de bras, 6 p.

22 BANEQUY. L'Atelier de Vulcain, ovale, in-fol.,
à l'encre de Chine.

23 BARBIERS (P.). 1784, Paysage avec ruine, Cavaliers et autres figures, belle aquarelle signée,
— Paysage en hauteur, avec abri rustique,
paysane, à l'encre de Chine, 2 p., in-fol.

24 BAROCHE. Tête de Femme, au crayon de couleur. — Religieux guérissant des malades,
lavé légèrement de bistre. — La Résurrection,
grand in-8, légèrement lavé d'encre, 8 p.

25 BASSAN. Homme et tête de profil. — Un Char-
pentier. — L'Automne et autre, 4 dessins à la
plume, in-4 et in-fol.

26 BEAUMONT (De). Femme lisant près de sa
cheminée, à la plume. — Deux Baigneuses qui
fument et boivent, à l'encre de Chine, 2 p.,
in-4.

27 BECK (J. P. Van). Cour de ferme au bistre,
petit in-fol.

28 BERGHEM. Animaux et paysages avec animaux, sanguine, crayon et encre de Chine, 8 p.

29 BERIGOURT. Carnaval à Venise, à la plume
légèrement relevée de couleurs, in-fol.

30 BLAREMBERG. Paysage avec ruine, Cavalier
et figures, grand in-8.

31 BLONDEL. Façade et profil de l'hôtel de
Roquelaure, à la plume et aquarelle, 2 dessins.

32 — Hôtel d'Etampes, maison de M. Mansard, 8 aquarelles.

33 — Hôtels Amelot, d'Auverne, Bellisle, Estrées, Humières, Lude, Maine, Maisons, Matignon, Montbason, Moras, Rohan, Torcy et autres, 56 aquarelles.

34 ROFFRAND, architecte. Vue de l'entrée du Palais-Bourbon. Grand dessin à la plume et encre de Chine. Signé.

35 BOILLY. Deux hommes et deux femmes à table, croquis à la mine de plomb, in-4.

36 BOISSIEU (De). Route et clairière dans un bois. Mine de plomb, in 4.

37 BOL (Ferd.). Trois jeunes gens à table, près d'un arbre, écoutent le récit d'un homme debout, au bistre, petit in-4.

38 BOLOGNESE. Paysages à la plume, 2 p. in-4.

39 BONASONE. Minerve dans une niche. Scènes de l'histoire ancienne, en tout 4 p. petit in-fol. bistre.

40 BORSELEN, 1657. Paysage avec rivière et pont de huit arches, à l'encre de Chine, petit in-fol.

41 BOTH (André). Buveurs et deux enfants, crayon noir rehaussé de blanc sur papier gros bleu. — Paysage à l'encre de Chine, par Jean Both, 2 p. in-4.

42 BOUCHARDON (E.). L'Odorat, figuré par une femme debout sur une sphère et tenant des fleurs. Dessin à la sanguine.

43 BOUCHARDON. Fontaine. Femme priant,
2 sanguines. Croquis à la plume, 3 dessins.

44 BOUCHER (Le premier maître de Mignard).
Etudes de Jésus pour une Ascension, St Jean,
figures agenouillées et debout, tête, etc. 12 dessins à la pierre noire dont 10 signés.

45 BOUCHER (F.). Jeune fille assise, Femme nue
assise, Têtes de jeunes filles, etc., 7 dessins
dont 5 sanguine.

46 — Nymphe sanguine, — Mendiant, pierre
d'Italie, 2 p. in-4, beaux.

47 — Berger et bergère, croquis à la pierre noire
largement exécuté, beau.

48 — Vénus et les Grâces sur des dauphins, à la
pierre d'Italie, ovale, in-4. Signé 1760.

49 — Nymphes et des Amours, croquis à la pierre
noire. — Composition de l'histoire ancienne,
croquis pierre d'Italie. — Deux études de bras,
sanguine 4 p.

50 — Saint Apôtre, angle de voûte à la sanguine.

51 — Deux Bacchantes et enfants tenant des rai-
sins, esquisse à la pierre d'Italie, petit in-fol.

52 — Parc rustique. — Puits, brouette et autres
objets de la campagne, 2 dessins à la pierre
noire, in-fol. rehaussés de blanc sur papier
bleu.

53 BOUCHER fils. Ruines de voûte et statue,
aquarelle in-4.

54 BOUHOT. Place du Château-d'Eau à Paris,
en 1830, à l'encre de Chine, petit in-fol.

55 BOULOGNE. Etude d'Homme s'accrochant à un arbre, pierre noire in-fol.

56 BOURDON (Séb.). Tête de jeune homme, à la pierre noire relevée de blanc.

57 — David et Abigaïl, sanguine in-fol.

58 BOURGUIGNON (Courtois dit le). Cavaliers, esquisses, au bistre, 4 dessins.

59 BRAMER (L'). Bataille. — Après la bataille, femme soutenant un blessé. — On vient reconnaître les morts, 3 dessins in-4, à l'encre de Chine, rehaussé de blanc.

60 BRONKHOEST. Paysages avec moulin et pavillon à toit pointu, 2 p. in-4, à l'encre de Chine.

61 BURETTE. Plafonds et décorations pour les appartements de l'Impératrice aux Tuileries, 3 dessins mine de plomb, le chiffre aquarelle.

62 BURGMAIR (Hans). Costumes |de l'Orient, 3 dessins in-4 à la plume.

63 CALLET. Les Apprêts d'un sacrifice, in-fol. pierre d'Italie.

64 CALLOT (J.). Costume d'homme le bras levé. — Une Rue de village, 2 dessins à la plume et la gravure, 3 p.

65 CALVART (D.). Concile, rond in-4, au bistre.

66 GAMBON. Décorations théâtrales, Forêt pour toile de fond, sépia, in-fol.

67 — Décors pour le théâtre Lyrique, *Faust*, *Si j'étais Roi*, inédit et autre, 3 p., grand in-fol.

68 CANTARINI (Le Pesarèse). Concert d'Anges auprès de la Vierge et de l'Enfant. Dessin à la plume. — 4

69 CARÊME. Satyre et autres figures, croquis à la plume, in-4. — 4.50

70 CARRACHE (Les). Assomption. — Moine en adoration, 4 p. à la plume et crayon. — 2

71 — Décoration de voûte, bas-relief, etc., 3 dessins d'Annibal, au bistre. — 13

72 CARMONTEL. Mme Romagnesi cousant, profil, in-4. — Homme debout, de profil, petit in-fol. 2 sanguines. — 4

73 CASSANA (N.). Enfant vu de dos, caresse un mouton. Energique dessin à la pierre d'Italie mouillée, in-fol. — 1

74 CASANOVA. Bataille de cavaliers. Ecurie, Femme qui trait une vache, croquis 3 p. — 2

75 CASTIGLIONE. Burette riche à l'encre de Chine. — Compositions, croquis à la plume, 4 p. — 2.50

76 CHALLE. La Servante justifiée, joli dessin, in-4, au crayon. Conte de La Fontaine. — 47

77 CHAMPAGNE (Ph. de). Trois Anges voltigeant, sanguine rehaussée de blanc, grand in-4. — 5

78 CHAMPMARTIN. Cheval de trait, aquarelle in-4. — 1

79 CHARDIN. Commissionnaire assis auprès de la borne, pierre d'Italie, très petit in-4. — 2.50

80 CHAYS A. Albano. Grands arbres largement exécutés à la pierre noire, grand in-fol. — 1

81 CLAUDE LORRAIN. Paysages au bistre, 8 dessins.

82 CLERGET (Hubert). Plantes à la mine de plomb. — Paysage avec rivière aux crayons de couleur. — Paysage aquarelle. 3 p.

83 COCHIN l'ancien. Vedette, au fond une Bataille, à la plume, in-4, rare.

84 COCHIN (N.). Armoiries de France soutenues par quatre Amours, Jupiter au-dessous, petite aquarelle in-8. — Intérieur de Cellier, mine de plomb. — Artaxercès refusant les présents, crayon noir rehaussé de blanc, 3 p.

85 — Paysan. — Académie d'Homme assis, 2 sanguines. — Académie d'Homme vu de dos, gouache. 3 dessins.

86 COIGNET (J.). Chalet. — Deux jeunes Ormes. — Vallée de Bonneville (Savoie). — Paysage avec maison. 4 p. au crayon.

87 COLIN (A.). Jeune Mère italienne filant sa quenouille. Dessin à la plume et encre de Chine. Au verso : un autre groupe.

88 COLSON. Portrait d'Homme ovale, encre de Chine. — Maisons et ruines en Italie, aquarelle 1787, signée. 2 p. in-4.

89 CORNEILLE (Michel). Adoration des Mages, in-fol., crayon noir rehaussé de blanc sur papier bleu. — Bacchanale, à la plume lavé, d'encre de Chine. — Etudes de têtes sanguine et crayon, 8 dessins.

90 CORREGE. Amour pour un plafond. — Etude de Femme. — 2 Sanguines et fac-simile. — Académie d'Homme chargé d'un fardeau, pierre noire, 4 p.

91 — Léda, études diverses, crayon, bistre, etc., 10 dessins.

92 CORTONE (Pietre de). Saint Evêque lisant, à la plume lavé, in-8. — Saint-Marc, in-4. — Vénus et les Amours. — Mercure, 4 p.

93 COUSIN (J.). Jésus entre cinq apôtres, au bistre. — Homme écorché, à la plume. 2 p.

94 DAVID (L.). Assemblée de cinq hommes causant, à l'eucre de Chine. — Croquis plume et crayon. — Allégorie de la peinture de son école, 4 p.

95 DEBUCOURT. Compagnie en promenade dans la campagne, petite aquarelle.

96 DÉCAMPS. Élève dessinant, crayon noir, in-4.

97 DELARUE (L.-T.). Bacchanale, plume et bistre, et l'eau-forte en contre-partie, 2 p. in-4. Beau dessin.

98 DE LA RUE. Cavaliers, à la mine de plomb, 2 dessins in-4.

99 DE LUBEL. Vigne Justiniani, crayon noir rehaussé de blanc sur papier bleu, in-fol. d'ap. nature, 1724.

100 DE MARNE. Campement de cavalerie, à la plume et mine de plomb.

101 — Paysage avec figures dans un bateau, pierre d'Italie, grand in-fol.

102 DESHAYES. Une Martyre, à la plume lavée de bistre, petit in-fol.

103 DESPORTES. Trois Chiens gardant une biche morte, petit in-fol. Au bistre.

104 DE TROY (Fr.). Études de portraits d'hommes à mi-corps, costumes de l'époque, à la pierre d'Italie, 3 p. in-4.

105 DHEUR (Joseph). Les Apôtres en bustes, à la sanguine. Sur chaque feuille 2 p.

106 DIEPEMBEKE (Ab.). La Nativité. Pierre noire et encre de Chine.

107 DIETZSCH (Marg.-Barb.). Fleurs avec papillon, aquarelle sur fond noir, in-4.

108 DIEU (Ant.). Arrestation de Pierre et Paul, à l'encre de Chine, petit in-fol.

109 DIGHTON 1806. Général anglais en pied, aquarelle, in-fol.

110 DIZIANI (G.). Hercule et une Bacchante, dessin à la plume.

111 DOLCI (Carlo). Études de mains et pieds, sanguine. — Étude de mains, de C. Maratte, pierre d'Italie, 2 p.

112 DREVET. Portrait de femme, riche costume avec broderies.

113 DROLING. Paysanne assise à la porte de sa maison, aquarelle, petit in-4. Signé.

114 DRIELST (E.-V.). Paysage avec pont, aquarelle in-fol.

115 DUCHOT (D.). Rivière vue sous des arches de ponts, plume lavée de bistre. Signé. Petit in-fol.

116 DUNOUY. Paysage avec très-hautes monta-
gnes, sépia, grand in-4.

117 DURAMEAUX. Études de figures lavées de bistre. — Études de paysages sanguinés, 2 p. in-4.

118. DURER. Assomption de la Vierge couronnée,
plume lavée, croquis petit in-fol.

119 DYCK (A. Van). L'Assomption de la Vierge,
joli dessin à la plume. Au verso, une autre
étude.

120 — Étude d'une femme pour Moïse sauvé,
beau dessin à la pierre noire relevée de blanc.

121 — Adoration des bergers, des mages, scènes
de la vie de Jésus, le Christ en croix, Saint
Jean, Martyre d'une sainte, etc. 10 p.

122 — Croquis, Esquisses pour des sujets mythologiques, 14 p.

123 — Études de têtes, Figures drapées et autres,
14 p.

124 — Groupes d'enfants et compositions diverses.
16 p.

125 — (D'après). Portraits de célébrités à la mine
de plomb, ont été gravées. 7 p.

126. ÉCOLE ANGLAISE. Portrait de femme et son
enfant et autre esquisse à l'huile. — Sainte-
Famille, d'ap. *Reynolds* et autres, aquarelles,
etc. 9 p. dont une sur vélin.

127 ÉCOLE DE BOURGOGNE. Tête de femme vue
de profil, aux deux crayons.

128 ÉCOLE ESPAGNOLE. Sujets religieux et autres. 5 p.

129 ÉCOLE FLAMANDE. Paysages à l'encre de Chine, 10 p.

130 ÉCOLE FRANÇAISE xvɪɪɪ° siècle. Vénus nue, couchée, dormant, l'amour est près d'elle, à la sanguine, in-fol.

131 — La Dame de qualité. — La Marchande. 2 compositions de plusieurs personnes, contre-épreuves de pierre noire, grand in-fol.

132 EISEN (Ch.). Vierge et Jésus adorés par des anges, esquisse grand in-8 à l'encre de Chine. — La Sainte Trinité, contre-épreuve sanguine, petit in-fol. — L'Amour et deux enfants, croquis, 3 p.

133 ENFANTIN. Croquis, études en voyage. 5 petits dessins, mine de plomb.

134 FABRITZIUS. Côté des dames : Bains de mer, jolie aquarelle in-4.

135 FARINATI (P.). Lutte de deux enfants, pierre d'Italie.

136 — Sujet religieux. — Le Zodiaque. — Mariage de la Vierge, par *Ferrantini*, 3 p.

137 FETI (D.). Pape et évêques dans une gloire d'anges, croquis à la plume, petit in-fol. — Martyre d'un Saint traîné sur un pont-levis, au bistre, grand in-fol. 2 p.

138 FIXON. Paysage, Berger et bergère et leur troupeau, bistre, petit in-fol.

139 FLERS. Croquis d'ap. nature, Télégraphe, Maisons rustiques, Bords d'un étang, 4 p. Crayons venant de sa vente (timbrés).

140 FOURNIER. Paysage, crayon noir estompé sur papier brun, in-fol. — 2.50

141 FRAGONARD. Adoration des bergers, sanguine lavée et autres dessins à la sanguine, 4 p. — 6

142 — Vue du Point-du-Jour, à la mine de plomb, in-4. — 2.50

143 — Cinq Amours personnifiant les arts, plume lavée, grand in-8. — Leda, plume teintée de bistre. — Les Bacchantes endormies, vigoureux dessin au bistre, 3 p. — 7

144 — Paysage avec statue dans une niche. Pochade, aquarelle signée *Frago*, in-4. — 3 1

145 — Enterrement des morts. — Vieillard dormant et deux figures 2 vigoureux dessins, in-fol., au bistre. — 2.50

146 FRANCIA. Études en voyages d'ap. nature, à Calais, à Caen. 10 croquis à la mine de plomb. — 2

147 FRANCISQUE Milet. Paysage à la pierre d'Italie, rehaussé de blanc, grand in-fol. — 1

148 GARNIER (Gaspard). Étude académique de Jacob, crayon noir dédié à M. Chassaing avec la lettre d'envoi autographe, signé *Gaspard*. — Moine, sanguine, dédicace à M. Merat, 3 p. — 1.50

149 GATINE. Costumes russes, Pope, Cosaque, Officiers, cinq figures. — Autrichiens, Cantinière et cinq soldats, 2 aquarelles. — 10.50

150 GENET. Château-neuf, vue de la poste et du Trésor, Oran 1836. Aquarelle petit in-fol. Signé. — 1

151 GENGELS. Le Sarcophage, paysage à la plume, petit in-fol.

152 GÉRARD. (Mlle), 3 décembre 1787, l'abbé Morellet, croquis au crayon, rond petit in-4.

153 GÉRICAULT (Th.). Diomède blessé, petit dessin à la plume sur papier bleu.

154 — Études de tête et pieds de chevaux, à l'huile. — Croquis de figures, cavaliers, soldats, etc. à la plume. 6 p.

155 GHEZZI. Costume d'homme portant épée, in-4, au bistre. — Tête grotesque, avec lunettes, profil au trait sanguine relevé de blanc. 2 p.

156 GIRODET. Pandore. — Femme nue vue de dos. — Scène mythologique, 3 p. aux crayons de couleur.

157 GODEFROY. Adresse illustrée, croquis divers de figures et de voyages, rue de Bar-sur-Aube, etc., 10 p. à la mine de plomb.

158 GOUJON (Jean). Cariatides. 3 très-petites figures à la plume, sur vélin, lavées d'encre de Chine. Très-rare.

159 GRANET. Vue en Italie, sépia, petit in-4. — Intérieur de Palais, décors de théâtre, plume, lavée d'encre. 2 p.

160 GREUZE. Mort de Priam et de ses fils, par Pyrrhus. Belle étude à la sanguine. (Les sujets d'histoire de cet artiste sont rares.)

161 — Croquis, Esquisses, Têtes et la raccommodeuse, in-fol., à l'encre de Chine, d'après lui. 6 p.

162 GROONEVEGEN. Grande Marine animée d'un vaisseau entouré de bateaux, barques, etc., à l'encre de Chine. Beau dessin in-fol.

163 GROPE (Josua de). Parc hollandais, dessiné à la plume et lavis d'encre de Chine. Signé.

164 GUARANA. Prophète devant un roi, in-8, à l'encre de Chine.

165 GUARDI. Ruines, à l'encre de Chine, au recto et verso. — Monument près la mer, au bistre, 2 p.

166 GUERCHIN. Paysages à la plume, et Atalante, 4 p. in-fol.

167 — Saint-Pierre, Croquis de têtes, Têtes sanguines, etc. 5 p.

168 GUIDE (le). Saint Joseph et la gravure, croquis d'Enfants, de Saints, etc. Sanguine, 6 p.

169 GUIMAR. Le Chien qui porte le dîner de son maître. Dessin à la plume, en forme de médaillon.

170 — Le Loup et l'Agneau. — Le Singe pris pour juge. 2 dessins à la plume, ovale, in-4, piqués.

171 HAANEBRINK. Pêcheur hollandais, grand in-4. Pierre d'Italie.

172 HARDING. Paysages et Marine, à la mine de plomb, 7 p.

173 HARGUINIEZ. Scènes de manège, Cavaliers, au bistre, 2 p. in-4.

174 HEIDEN (V. der). Église près d'un pont, en Hollande, aquarelle, in-8.

175 HEILMANN 1760. Paysage, avec chaumière et pêcheurs, à l'encre de Chine, petit in-fol.

176 HEMSKERKE. Jugement de Salomon, à l'encre de Chine. — Scènes de Sacrifice, 3 p. petits in-fol.

177 HEUSS (Wil. de). Paysage étendu à l'encre de Chine, in-fol.

178 HOBBEMA (attribué à). Paysage avec moulin à eau, pêcheur; aquarelle grand in-fol

179 HOGARTH? Les vieux Amoureux, grisaille relevée de sanguine et de blanc. — Le Bal, à l'encre de Chine, 2 p. Charges.

180 HOREMANS. Intérieur flamand, cinq figures à la sanguine, in-fol.

181 HORN. (A.-V. der) 1824. Trompe-l'œil. Marines entourées de portraits, feuilles de texte entières ou déchirées, à la plume, grand in-fol. 2 p.

182 HOUEL. Château, en haut d'une colline, à l'encre de Chine. — Paysage gouache, 2 p. petit in-fol.

183 HUET (J.-B.) 1780. Têtes de Singe. — Vache et Fermière, croquis. — Paysage, crayon noir. — Tour ruinée, Cour de ferme, etc. 5 p.

184 — Le Duel des singes, Paysage, Études de mouton ; eau-forte et le dessin du paysage aux laveuses, 8 p.

185 HUQUIER. Paysage avec moulin à eau, pierre d'Italie et crayon noir estompé, in-fol.

186 HUYSMANS (C.), Breda 1836. Paysage, mine de plomb, in-fol.

187 HUYSUM (M.-V.). Bouquet de fleurs dans un vase, belle aquarelle.

188 INGRES. Fontaine monumentale, avec quatre
figures, mine de plomb.

189 JACQUES (Charles). Petits Paysages, mine de
plomb. 2 p.

190 JACOTOT (V.). Anne d'Autriche, — Blanche
de Castille, — Mme de Grignan, — Joconde, —
Joséphine, — Lady Humboldt. 7 petits portraits superbes au crayon.

191 JOLY (A.). Paysage avec de grands arbres et
deux renards, vigoureuse sépia.

192 JORDANO (Luc). Statue équestre vue de face,
sanguine in-fol.

193 JOUVENET. Jésus dans le temple. — Autre
scène de la vie de Jésus, 2 p. in-fol. pierre
d'Italie.

194 KAUFFMANN (Ang.). La Marchande d'amours,
d'ap. la peinture antique d'Herculanum, pierre
d'Italie in-4, terminé.

195 LAAN (V. der). Scènes d'histoire : réception,
Mort d'un roi, Maladie d'une reine, 3 p. in-4
à l'encre de Chine.

196 LACOUR. Martyre d'un saint, vigoureux dessin
à la plume et au bistre. In-fol. signé.

197 LAFAGE. Le Serpent d'airain. — Apollon et
Diane tuant les enfants de Niobé, et autres
compositions, tête de satyre. 6 p. in-fol.

198 LAIRESSE. Danse de satyre et de bacchantes.
In-fol. en bistre.

199 LAMI (Eug.). Petites Voitures. 10 petits dessins à l'encre de Chine.

2

200 LANGRET. Études de costumes de femmes, crayon noir et blanc, et sanguine. 3 p.

201 LARGILLIÈRE, Portraits : Dame tenant une pomme, autres au crayon noir et croquis pour un homme, à la sanguine. 5 p.

202 LA RUE (De). Bacchanales et sacrifices au dieu Pan, etc. 5 p. à la plume, lavis d'encre ou de bistre.

203 LAVALÉE POUSSIN. Céphale et Procris. Dessin à la plume et lavis de bistre.

204 LE BOUTEUX. Jeune Homme jouant de la contrebasse, à la pierre noire, relevé de blanc. Petit in-fol.

205 LE BRUN (Ch.). L'Astronomie figurée par une femme accroupie mesurant le zodiaque. Dessin à la pierre noire.

206 — Grande Bataille, à la plume et encre de Chine. Grand in-fol. — Cavalier, pierre d'Italie. In-fol. 2 p.

207 LE CLERC. Étude d'enfant accoudé sur une draperie, à la sanguine.

208 LEDOUX. Projet de la Barrière d'Italie, à Paris, à l'encre de Chine.

209 LEEUVEN (J. van). 1831. Belle Campagne hollandaise avec rivière et moulin à vent au fond. Aquarelle in-fol.

210 LE NAIN. Tête de jeune Fille, sanguine. Petit in-fol.

211 LÉONARD DE VINCI. Tête de Femme hideuse criant, sanguine in-8. — Études de chevaux. — Moïse sauvé. 4 dessins.

212 LÉONI (Ottavio). Deux Portraits de jolies femmes et un d'homme, pierre d'Italie, rehaussé de blanc. 3 p.

213 LEPICIÉ. Deux jeunes Paysans, au bistre. — Ratisseuse de carottes, crayon noir. 2 p. in-fol.

214 LEPOITEVIN (Eug.). Études de baraques, masures, chaumières, etc., à Laneuville, etc. 15 p. à la mine de plomb. Timbré.

215 LESUEUR (L.). 1790. Femme qui trait une vache près de sa chaumière, à l'encre de Chine. Signé. Petit in-fol.

216 LETHIÈRE. Vue des environs de Rome. Belle aquarelle petit in-fol.

217 LIÉNARD. Beau Paysage : berger, bergère et leurs moutons, au bistre; le fond, très-étendu, est à l'encre de Chine. Petit in-fol.

218 LIENDER. 1763. Église de campagne en Hollande. In-4 à l'encre de Chine.

219 LINGELBACH. Études de groupes de figures à la pierre noire.

220 LOMBARD (Lambert). Résurrection de Lazare, à la plume, rond in-4.

221 LOUTHERBOURG. Abbaye sur les bords du Rouë, à l'encre de Chine. Petit in-fol.

222 LUTMA (Jean). Ornement d'orfèvrerie, plume lavé d'encre de Chine. In-4.

223 LUYKEN (J.). Apparition de l'ange aux bergers. — Adoration des bergers. — Saint Pierre délivré. — Les Vierges folles, et autres. 8 p. à la plume et encre de Chine.

224 MARCHANT, peintre à Saumur, aquarelle et 3 dessins au crayon. 4 p.

225 MARILLIER. Encadrement pour un portrait de militaire, à la plume et bistre. Grand in-8.

226 MARTINET. Café du bosquet et autre charge au crayon. 2 p.

227 MAZZOLA (Le Parmesan). Vulcain forgeant des flèches. Petit dessin, de forme ovale, à la sépia relevée de blanc.

228 — Compositions, croquis, études, dessins divers. 12 p.

229 MEER (J. V. der). Paysages à l'encre de Chine, 2 p.

230 MELLAN (Cl.). Costume de Diane de l'époque Louis XIV, à la pierre d'Italie.

231 MESSONNIER. Esquisse, entourage rocaille pour le treizième livre, exécuté en 1727.

232 METMAN de Vries. Riche porte de jardin. Belle aquarelle petit in-fol.

233 METZU (Gab.). Femme assise, pierre d'Italie.

234 MICHALLON (A.-E.). Monuments d'Italie, intérieurs et extérieurs de palais à Rome. 5 p. pierre d'Italie.

235 MIERIS. 1698. Cléopâtre, pierre d'Italie. In-4.

236 MIGNARD. Portrait de Beringen in-fol. — Turenne, croquis. — Mascarons à la pierre d'Italie, etc. 6 p.

237 MILLET. Femmes étendant du linge, crayons de couleur et croquis crayon noir. 2 p.

238 MOITTE. Cavalier sur le champ de bataille, pierre d'Italie, signé 1772. — Allégorie de l'alliance de la France et de la maison de Lorraine, au bistre et au blanc sur papier bleu. 2 p. in-fol.

239 MOLA. Sujets religieux, sanguine plume et bistre. 2 p.

240 MOLYN (P.). Masures entourées d'arbres. Dessin à la pierre noire, signé. (Collection J. Dupan.)

241 MONNET Mars reçoit un manteau des mains d'Hébé. Joli dessin à la plume et lavis d'encre de Chine.

242 MOREAU (L.). Paysages. 2 aquarelles et autres. 4 p.

243 MOUCHERON. Vues de parcs, encre de Chine, etc. 3 p.

244 MOYAERT. Soldats jouant la tunique du Christ. A l'encre de Chine. In-4.

245 MYN (H. v. d.). Marchands de poissons hollandais. 4 dessins terminés, à l'encre de Chine. Petit in-4.

246 NATOIRE. Vierge et Jésus adorés par un moine, et autres sujets. 5 p.

247 NEER (V. d.). Paysage, au bistre. In-fol. — Petit paysage avec moulin, à l'encre de Chine. 2 p.

248 NICOLLE. Place publique ornée de beaux monuments, aquarelle grand in-fol. — Vue d'un aqueduc, aquarelle petit in-fol., et divers petits dessins. 11 p.

249 — Vue de Rome, belle aquarelle collée sur carton.

250 NIEULANT. Paysage, à la pierre bleue. Petit in-fol. 2 dessins.

251 NOEL (Jules). 1844. Fontaine salutaire de Sainte-Anne-de-La-Palu, à l'encre de Chine. Petit in-fol.

252 OLIVIER. Les Amants, à la plume, lavé de bistre et de jaune, in-4.

253 OMMEGANCK. Études de paysages avec troupeaux. 2 p. in-fol. crayon noir.

254 ORLEY (R. V.). Cérémonie près d'un riche palais, à la plume, lavé d'encre, in-4.

255 PADOUAN. Tête d'Oriental, à la sanguine.

256 PALMA. Elie et Elisée, in-fol., encre de Chine. — Croquis études. 4 p.

257 PARROCEL (J.). Cavalier, pierre d'Italie. Bataille à la plume, études et autres. 8 p.

258 PARROCEL (J. F.). Intelligence, allégorie à l'encre de Chine, beau dessin.

259 PASSAROTTI. Étude anatomique de bras et de jambes. — Torse, 2 beaux dessins à la plume, in-fol.

260 PATENIER, 1490-1542. Paysage à la plume de la collect. Camberlyn.

261 PEN (De). Dessin pour un frontispice. A la sanguine et lavé d'encre de Chine.

262 PERIN DEL VAGA. Composition où se trouve Silène, petit rond au bistre. — Croquis d'un ange, pierre d'Italie. 2 p.

263 PERUGIN. Dieu le père soutenant le Christ, à la plume, rehaussé de couleur, in-8.

264 PICART (B.). Mercure et autre, d'ap. Le Brun, aux trois crayons. — Trophée à la plume. — Tête d'ap. Raphaël, sanguine contre-épreuve. 4 p.

265 PIERRE. Loth et ses filles, in-4. — Tête d'homme barbu. Superbe dessin, in-fol. 3 sanguines.

266 PILLEMENT. Paysage avec bohémienne, au crayon. — Autre au bistre. 2 p.

266 bis. PINELLI. Berger et Bergère italiens, in-4. Aquarelle.

267 PIOMBO (Séb. del). Trois lutteurs, à la pierre d'Italie.

268 PIRANESI. Intérieur de palais, à la plume, lavé de couleurs, in-4. — Paysage à l'encre de Chine, grand in-fol. 2 p.

269 POCHON. L'Écrivain public, costumes du temps du Directoire, charges à l'aquarelle. 6 p.

270 POLEMBOURG. Ruines au bistre, et aquarelle. 2 p.

271 POLYDORE. Combat, au bistre rehaussé de blanc et autres. 5 p.

272 POUSSIN (N.). Composition, Statue, Études, etc. 8 p.

273 PRÉVOST. Bouquets de fleurs. 2 p.

274 PRIAL. Mère et enfant, au bistre.

275 PRIMATICE. Études de figures à la plume et au crayon. 4 p.

276 PRUDHON. Tête, hommes en pied. 4 p. au crayon noir.

277 PUJET. Tête de Satyre. — Portrait d'homme de Pujos. 2 p. crayon.

278 RAPHAEL. Adoration des Mages, Martyres de Sainte Catherine, Saint Pierre délivré et la photographie et autre. 5 p.

279 REGNAULT. Scène d'amants, le matin, et la gravure contre-partie. 2 p. in-fol.

280 REMBRANDT. Saint Jérôme et autres croquis à la plume. — Seigneur et dame dansant, de son école. 9 p.

281 REVERDINO (G.). Evocation de vieilles sorcières. Energique dessin à la sanguine. Rare.

282 REYNOLDS. Jeune fille en buste, crayon noir et sanguine. Joli dessin in-4.

283 RICHARD. Dame de condition en pied, tenant une couronne de lauriers, bistre rehaussé de blanc, petit in-fol.

284 RIGAUD. Portraits d'hommes, à la pierre d'Italie. 2 p. in-fol.

285 ROBERT (Hubert). Intérieur aquarelle. Fontaine monumentale, Ruines, Escalier, etc. 5 p.

286 ROCHUSSEN. Bateau chargé de monde prêt à débarquer près d'une église, à l'encre de Chine, avec dédicace, signé.

287 ROBUSTI (J.). Le Tintoret. Guerrier entouré de trophées d'armes. Bon dessin à la plume, lavé de bistre. Col. Gault de Saint Germain.

288 ROHEN (Alph.) fils. Mendiants, à l'huile sur papier.

289 ROKES dit Zorg. Intérieur flamand, à la plume   1
et lavis de bistre.

290 ROLAND. Scène de l'Enfer, à la plume, signé.   1

291 ROMAIN (I.). Frise. Bas-relief et autres à la   3
plume. 4 p.

292 ROODE (Th. de). L'Automne, Enfants et chè-   6
vre, Jugement de Pâris, Mère et enfant, Portrait de femme, etc. 6 p.

293 ROQUEPLAN. Personnages assis, à la plume.   1.50
Bords de la mer et autre croquis au crayon.
3 p.

294 ROSSO. Sacrifice d'un cheval. — Vénus cou-   11
chée. 2 p. à la plume, bistre.

295 ROTHENAMER. Plafond pour une coupole,   5
rond in-fol., à l'encre de Chine.

296 ROWLANDSON. Buveurs de punch, deux   4
hommes chargés, de profil, assis, à la plume,
in-8 en travers.

297 RUBENS. Décoration pour une église, avec   1.50
bustes et statues de saints et apôtres, beau
dessin, plume et pierre d'Italie, in-fol. — Cour
de son habitation, croquis pierre d'Italie. 2 p.
in-fol.

298 RUBENS d'après *Raphaël*. Étude d'un groupe   2
d'une bataille, à la pierre d'Italie.

299 — Chaumières flamandes près d'une rivière,   2
pierre d'Italie relevée de blanc. — Tête de
Lysias, étude à la sanguine, papier à la fleur
de lys. 2 p.

300 — Composition et dessins divers par lui et de   2.50
son école. 8 p.

301 RUYSDAEL. Le petit Pont de bois qu'il a gravé à l'eau forte, pierre d'Italie, in-fol. — Petite marine à l'encre de Chine. 2 p.

302 SADELER. Jugement dernier, Saint Jean prêchant, à l'encre de Chine, dans une partie de paysage gravé, figure allégorique. 3 p.

303 SAFT-LEVEN (Herman). Village hollandais sur le versant d'un coteau, à la pierre noire, lavé de bistre, signé, grand in-fol.

304 — Village hollandais avec église, à la pierre noire et au bistre, grand in-fol.

305 — Ruines et groupe de figures. 2 p. à l'encre de Chine.

306 SAINT-AUBIN (G. de). Intérieur. Scène de jaloux, trois figures à la mine de plomb, in-4.

307 SAINT-AUBIN (Aug. de). L'Hiver, ovale, petit in-fol. à l'encre de Chine.

308 — Portrait d'homme de profil, rond, mine de plomb.

309 — Repas des Dieux, Temple, croquis. 5 p.

310 SAINT-GERMAIN (P.) 1843. Jubé de Folgoet (Bretagne). — Baptême, église de Mortain. — Costumes de femmes, etc., 7 dessins, mine de plomb.

311 SALVIATI. Apôtre, à la plume, lavis de sépia. — Épisodes de la vie de saint Bernard, au bistre, en tout 8 p.

312 SARTE (A. del). Études de femmes en pied. 2 p.

313 SCHENCK. Portrait de sa femme, à la pierre noire.

314 SCHOOREL. Jésus portant sa croix, plume, 6.50
lavé de bistre.

315 SERGENT. Petites pièces historiques. Traits, 56
lavés à l'encre de Chine, au bistre et aquarelle.
16 p. in-8 en travers.

316 SEURRE. Bas-relief et Fronton. 2 p. à la plume. 1

317 SPAENDONCK (Van). 17 petits bouquets de 35
fleurs, à l'encre de Chine sur 2 feuilles.

318 SPRANGER. Homme et femme faisant de la 2
musique, plume, lavé de bistre. — Bacchanale.
2 p.

319 STRADAN. Saint Siméon. — Sainte Elisabeth. 1
2 p. in-4.

320 SWANEVELT. Paysage, à la pierre d'Italie et 3
encre de Chine. 12 p. dont une eau-forte.

321 SWEBACH. Études de chevaux à la pierre 1.50
noire. 4 p.

322 — Études de costumes militaires. 7 p. à la 24
plume et aquarelle.

323 TENIERS (David). Paysage montueux animé de 4.50
figures. Important dessin à l'encre de Chine,
signé.

324 — Chaumières, Voyageurs, croquis à la mine 1.50
de plomb, groupes de figures sanguine. 9 p.

325 TIEPOLO (Dom). Centaure gravissant un mon- 15
ticule. Dessin à la plume largement lavé
d'encre de Chine, signé.

326 — Jeux d'enfants. 2 p. à la plume pochées de 23
bistre, signées.

327 — Sujets de Centaures. 2 p. à l'encre de Chine 28
bistrée, signées.

328 — Croquis à l'encre de Chine et bistre. 3 p.
329 TIERCE, 1757. Jeune prince fait serment sur
l'autel. In-fol. plume et bistre, signé.
330 TINTORET. Les trois Croix et autres, croquis
divers. 8 p.
331 TITIEN. Croquis à la plume de la collection
Van Esdaille.
332 — Saint Christophe et autres à la plume,
petite tête sanguine. 4 p.
333 TRINQUESSE. Jeune fille pinçant de la harpe.
Jolie sanguine.
334 TROOST. Portrait d'homme, pierre noire sur
vélin.
335 TROYON. Intérieur de forêt, petit croquis à
l'estompe
336 ULFT (V. der). Vue d'Italie à l'encre de Chine.
Paysage au bistre. 2 p.
337 VALESIO. Allégorie des arts, à la plume et
bistre.
338 VANLOO. Sainte Famille à l'estompe, très
grand in fol. — Tête de vieillard. 2 p.
339 VANNI. Vierge et Jésus honorée par saint
Michel et autres, petit croquis à la plume,
collection de Triquetti. — Sujet religieux,
pierre noire. 2 p.
340 VASARI. Étude d'homme vu de dos assis,
pierre d'Italie rehaussée de blanc, collection
Andreossi.
341 VELDE (Guil. v. de). Marine, avec bâtiments
en panne. A l'encre de Chine.
342 VERNET (J.) Études de figures, etc. 5 p.

343 VERNET (H.). Voiture et autre. — Cheval, croquis par Carle. 3 p.

344 VERONESE. Agar dans le désert. — Ovale des plafonds de Venise et autres. 5 p.

345 VERSCHURING. Fontaine, avec figures, à la porte d'une ville. A l'encre de Chine. Signé.

346 VERSTRAETEN. Paysage (Aquarelle), petit in-4.

347 VIEN. Oriental à la pierre noire. In-fol. — Eau-Forte d'un oriental. — Deux Femmes éplorées, sanguine. 3 p.

348 VINCENT. Études du prince Guillaume pour un tableau. A l'encre de Chine.

349 VIOLLET-LE-DUC. Rosace de la salle A. Mai 1849. Au crayon. Signé.

350 VISSCHER (C.) Gentilhomme hollandais, à la pierre noire. — Tête de vieillard, sanguine. 2 beaux dessins.

351 VIVARES. Panneaux d'ornements, avec sujets chinois. A la plume et encre de Chine. 9 p.

352 VIVARÈS (F.). Dessin d'un panneau décoratif dans le style chinois. A l'encre de Chine.

353 VLEUGHELS (N.). Vénus demande des armes à Vulcain. A la pierre noire, relevée de blanc.

354 VLIEGER. Croquis de paysage. A la pierre noire. 2 p.

355 VOENSEL. — Bouquet de fleurs, A l'encre de Chine. — Vase de fleurs, avec un nid et trois œufs, aquarelle in-fol. 2 p.

356 VOUET. Études de bras et mains aux trois crayons et autres. 4 p.

357 VRIES. Tribune royale pour le carrousel à Ypres. — Parc. A la plume. 2 p.

358 WATTEAU. Petits Costumes de femmes et d'hommes ; plusieurs furent gravées à l'eau-forte par lui. 5 p. sanguine.

359 — Costume de femme, Paysage et autres. 6 p. sanguine.

360 — Croquis divers, genre Watteau. 8 p. sanguine.

361 — (D'après). Les habits sont italiens. — Meze-tin. — 2 charmantes petites aquarelles sur vélin.

362 WATTEAU, de Lille. Fête de village. A l'encre de Chine. In-fol. A beaucoup souffert.

363 WATERLO. Petits Paysages à l'encre de Chine. 3 p.

364 WEIROTTER. Paysages à l'encre de Chine et à la pierre noire. 2 p.

365 WILLE (J.-G.), 1760. Vue d'ap. nature dans les carrières de Ménilmontant. Sanguine signée et datée. Très-curieuse pour la note autographe de Wille, qui est au revers. Superbe dessin.

366 WITT (De). L'Aumône ; médaillon avec Jésus, allégorie. A l'encre de Chine.

367 WOUVERMANS. Scènes de cavaliers. 2 p. à l'encre de Chine.

368 WYK (Th.). Ruines. A l'encre de Chine.

369 WYNANTZ. Paysages, avec chasseur, — avec femme et enfant. 2 beaux dessins à l'encre de Chine.

370 **ZUCCARELLI.** Grande Chute d'eau à travers un rocher, avec dessinateur. — Paysages, avec paysans et leurs bestiaux. 2 dessins à l'encre de Chine. In-fol. Très-beaux.

371 ZUCCARO. (T.). Étude d'enfant portant des fruits. Joli petit dessin à la plume.

372 ZUCCHERO. Allégorie sur la fondation de Rome. — Pape et Dignitaire dans un bateau. — Études, etc. 5 p.

373 ZWEERTS (A.-E.-P.), 1798. Paysage. In-fol. A la pierre noire.

DESSINS CLASSÉS PAR GENRE

374 **Dessins chinois.** Dame noble sur sa terrasse. Seigneur recevant un envoyé. 2 aquarelles in-fol.

375 **Album** de Calques à la plume de l'Iliade, l'Odyssée, les Tragédies d'Eschylle, d'ap. Flaxman. 83 p.

376 **Animaux.** Chevaux, Études, Anatomie. Aquarelles et crayon. 40 p.

377 — Bestiaux, Chèvres, Moutons, Chiens, Chats, etc. Sanguine, pierre noire, etc. 50 p.

378 **Aquarelles.** Sujets divers. 9 p.

379 **Architecture.** Vues de monuments de Paris et de France, Plans. 16 p.

380 — Décorations intérieures et extérieures, aquarelles. 10 p.

381 — Monuments d'Italie, Intérieur d'églises, etc. 40 p.

382 — Porte d'appartement, ornements riches. A l'encre de Chine, teinte de couleurs. In-fol.

383 **Caricatures**. Charges d'hommes. A la pierre noire, largement exécutées. 3 dessins, grand in-fol.

384 — La Queue au théâtre. — Les Habitués du Luxembourg. 2 aquarelles. — L'étudiant. A l'encre de Chine. 3 dessins.

385 **Costumes** militaires anciens et modernes. 22 p.

386 — Et Scènes de la Comédie italienne. 26 dessins à la plume sur 18 feuilles.

387 — Français et Étrangers. 38 p.

388 **École française**. Étude de mains et bras. Sanguine et pierre noire. 54 p.

389 — Études d'enfants, pieds, jambes, têtes, figures entières et drapées. Sanguine et pierre noire. 52 p.

390 — Costumes de femmes et autres sujets à la sanguine. 15 p.

391 — Costumes de femmes du XVIIIe siècle et Hommes en pieds. A la pierre noire, etc. 28 p.

392 **Études** de têtes antiques de profil. Sanguine et blanc. 20 types à l'huile sur toile, petit in-fol. Très-beau.

393 — De Costumes faits en Italie et en Grèce, d'ap. nature. 75 p.

394 **Fleurs** et **Fruits**. Aquarelles. Sanguine, à   6
la plume et à l'encre de Chine. 33 p.

395 **Illustration**. Dessins in-8 à l'encre de Chine   10   Vig
pour la Vie des saints, anachorètes, etc. 120 p.
remargées in-4.

396 **Marines**. Vaisseaux, Bords de la mer. Études.   18   Vig
aquarelles, plume et crayon. Plus de 36 p.

397 **Ornements**. Allégorie, Titres blancs, genre   16.50
B. Picart. 4 p.

398 — Détails d'encadrements, etc. 6 p.   13.50

399 — Consoles, Attributs, Aquarelles. 10 p.   3.50

400 — Décorations d'appartements, cheminées, etc.   6   Vig
18 p.

401 — Vases, Cartouches, Consoles, etc. 20 p.   45

402 — Trophées, Armoiries et autres. 25 p.   30

403 — Fragments, Panneaux, divers. 25 p.   10

404 **Paysages** à l'aquarelle. 18 p.   22

405 — Aquarelles et Gouaches, le Vésuve, grand   9
in-fol, etc. 20 p.

406 — Au bistre et sépia, École flamande et fran-   12
çaise, etc. 54 p.

407 — En Bistre très-petits, par Vanderburg, et.   3.50
Vues de Montaut, etc. 28 p. Superbes.

408 — A l'encre de Chine et Monuments, 40 p.   5.50

409 — A la plume, École flamande et autre. 26 p.   4

410 — A la Sanguine de Bourgeois, Robert? et   4
autres. 15 p.

411 — Aux crayons, Croquis de voyage, Études   3.50
d'arbres et de paysages. 100 p.

412 — Au crayon et pierre noire. 60 p.   6

413 **Paysage** brodé en chenille et en soie sur satin.

414 **Peintures à l'huile** sur papier, sur toile et sur carton, Études, Costumes, Paysages, Compositions, etc. 47 p. dans un portefeuille, et un paysage sur bois. 48 p.

415 **Portraits** au pastel. Rembrandt, grandeur naturelle, et Têtes et Portraits de femmes. 8 p.

416 — D'hommes sur vélin, et Croquis, première pensée pour les tableaux. Sanguine et pierre noire. 16 p.

417 — D'hommes en pied et en buste : Charles Ier. Corneille. Le Tellier, archevêque de Reims, et autres. 30 p.

418 — De femmes. Sanguine et pierre noire. 24 p.

419 — Et têtes de femmes et jeunes filles. Études et de fantaisie. 36 p.

420 **Sujets d'enfants.** Groupe de petits amours, Têtes, etc. Au bistre aux divers crayons. 36 p.

421 **Sujets historiques.** Anciens et modernes. naissance du duc de Bordeaux, allégorie sur ce sujet, batailles diverses, grande scène de mariage. 13 dessins divers.

422 **Sujets mythologiques.** Danse de Bacchantes, Triomphe de Vénus sur la mer, et autre. 3 dessins, à l'encre de Chine et au bistre.

423 — Et autres, diverses écoles. Léda, Europe, etc., en bistre. 62 p.

424 — Scène de théâtre, l'Olympe, etc., à l'encre de Chine. 66 p.

425 — Combats, esquisses, croquis divers, à la plume. 89 p.

426 — Études et groupes de figures, Hercule et Omphale, etc., à la sanguine. 50 p.

427 — L'Amour et Psyché, enlèvement de Déjanire, etc., à la pierre noire. 35 p.

428 **Sujets religieux.** Vœux de saint Louis, Sainte Famille, la Procession. 12 dessins in-fol.

429 — Apôtres, Sainte Famille, au bistre. 35 p.

430 — Bibliques, Saintes Familles, à la plume et encre de Chine. 43 p.

431 — Scènes de la vie de la Vierge, Saints, etc., à la plume. 32 p.

432 — Adam et Ève, Saintes Familles, etc., à la sanguine. 22 p.

433 — Christ, Couronnement de la Vierge et autres, à la pierre noire, crayon. 32 p.

434 — Et autres, anciens dessins à la pierre noire et crayons. 30 p.

435 **Calques** divers, apôtres d'ap. Raphaël, bas-reliefs, etc. Plus de 30 p.

436 **Dessins** au crayon et pierre noire. Compositions diverses, scènes rustiques. 35 p.

437 — Croquis et Études de compositions pour tableaux, figures en pied, etc. 30 p.

438 — Croquis, Études de têtes, figures entières, etc. 105 p.

439 **Études.** Têtes, mains, pieds, à la sanguine et pierre noire. 75 p.

440 — Académies, d'hommes et de femmes, figures drapées, etc., sanguine et pierre noire. 60 p.

441 Calepins d'artistes, avec croquis. 8 petits albums.

———

ESTAMPES

442 **Divers.** Fac-simile d'ap. Boucher, enfants, à la sanguine, gravures diverses. Environ 20 p.

443 **Bega.** Le Buveur. — L'Homme assis tenant son chapeau. — L'Homme à la fenêtre. — La Porteuse, — et 2 p. par divers. 6 p.

444 **Callot.** Les Mendiants, premier état. 8 p. collées.

445 **École française.** Dassonville, Le Clerc, Le Prince et autres. 8 petites pièces.

446 **École flamande.** D'ap. Téniers, Tilborg et autres. 16 petites pièces.

447 **Ostade.** Le Rémouleur. — L'Homme appuyé sur sa porte, — et autre. 3 p. Très-belles ép.

448 **Rembrandt.** Martyre de saint Étienne. — Le Maître d'école. — L'Étoile des rois, etc. 4 p.

449 **Vliet** (Van). Les Mendiants. 7 p. Très-belles ép.

450 **Watelet.** Petits sujets d'intérieurs, à l'eau forte. 3 p. in-8.

451 Les Portefeuilles de la collection.

Vve RENOU, MAULDE et COCK, impr. de la Cie des Commissaires-Priseurs, rue de Rivoli 144.   7134